ACCIDENTES GEOGRÁFICOS

William B. Rice

Asesoras

Sally Creel, Ed.D.
Asesora de currículo

Leann Iacuone, M.A.T., NBCT, ATC
Riverside Unified School District

Créditos de imágenes: págs.18 (superior), 20 (superior) NASA; 19 (superior) Norman Kuring/NASA; págs.28–29 (ilustraciones) Janelle Bell-Martin; pág.10 Luca Galuzzi/wiki; todas las demás imágenes cortesía de Shutterstock.

Teacher Created Materials
5301 Oceanus Drive
Huntington Beach, CA 92649-1030
http://www.tcmpub.com

ISBN 978-1-4258-4668-8

Contenido

Nuestra hermosa Tierra

Vivimos en un planeta deslumbrante. Donde sea que miremos, la tierra tiene muchas bellezas.

La tierra también tiene muchas formas. Cada forma tiene su propio encanto. Hay formas planas y otras irregulares. Hay lugares altos y lugares bajos. Hay lugares con agua y lugares sin agua.

Cada una de estas formas es única. Cada una es uno de los muchos accidentes geográficos de la Tierra.

Algunas tierras tienen menos agua que otras.

El panorama general

Si observamos un mapa o una foto de la Tierra, podemos ver con facilidad los accidentes geográficos más grandes.

América del Norte

Océano Atlántico

Océano Pacífico

América del Sur

Océano Antártico

Los océanos son grandes cuerpos de agua que cubren la mayor parte de la superficie de la Tierra. Hay cinco en total. Entre los océanos, hay grandes masas de tierra. Hay siete en total. Estos son los continentes.

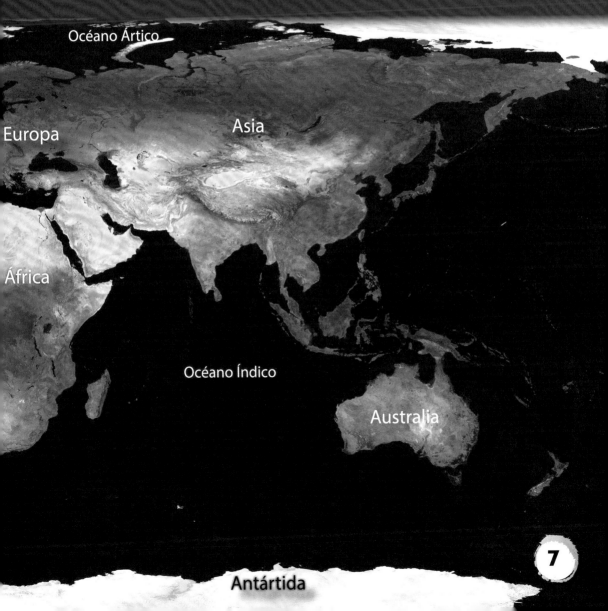

Océano Ártico

Europa

Asia

África

Océano Índico

Australia

Antártida

Describir los accidentes geográficos

La tierra tiene muchas formas diferentes. Por eso, las personas tienen una palabra para cada una. Estas palabras nos dicen algo del accidente geográfico. Nos dicen lo grandes o lo altos que son.

La montaña más alta del mundo es el monte Everest.

La **elevación** nos dice lo alto que es algo. La
pendiente nos dice cuán **empinados** son los lados.

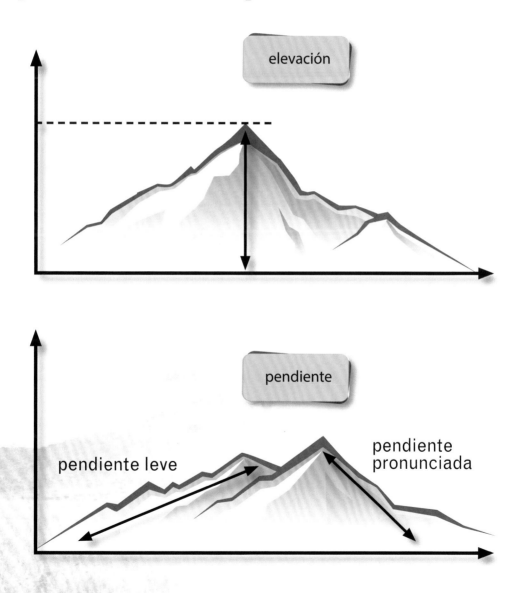

elevación

pendiente

pendiente leve

pendiente
pronunciada

La cordillera del Atlas tiene un clima desértico.

Clima

Hay muchas cosas que afectan los accidentes geográficos. La cantidad de lluvia y nieve que cae en un lugar los afecta. El frío o el calor que reciben los afecta. También los afecta lo húmedo o seco de su entorno.

El tiempo habitual de un lugar es el **clima** de ese lugar. Algunas partes de la Tierra reciben más o menos de una cosa o de otra. Existen muchos tipos diferentes de climas en el mundo.

La cordillera del Atlas se encuentra en África.

Procesos endógenos

Los procesos endógenos se producen en lo profundo de la Tierra. A lo largo de extensos períodos, estos eventos ayudan a crear la mayoría de los accidentes geográficos que vemos.

En la tierra

Muchos accidentes geográficos del mundo están sobre el nivel del suelo, así que se pueden ver con facilidad.

Montañas y colinas

Cuando miramos la tierra, es posible que veamos partes que son muy altas respecto al resto del terreno. Estas son las montañas. Las cimas de las montañas se llaman **picos**. Por lo general, las montañas tienen pendientes empinadas.

Las colinas ondulantes no son tan empinadas como el Himalaya.

Por otro lado, es posible que veamos lugares más altos que el área que los rodea, pero no tanto como las montañas. Es posible que no tengan lados tan empinados tampoco. Estas son las colinas.

La cordillera más grande de la Tierra es el *Himalaya*. Está en Asia.

Capas de hielo

En algunas partes del planeta, la tierra está cubierta de hielo. Estas son las capas de hielo. En estas áreas, solo podemos ver la cima de la montaña.

Mesetas y mesas

Existen áreas altas de tierra que son, en su mayoría, planas. Estas son las **mesetas**. También se conocen como altiplanos.

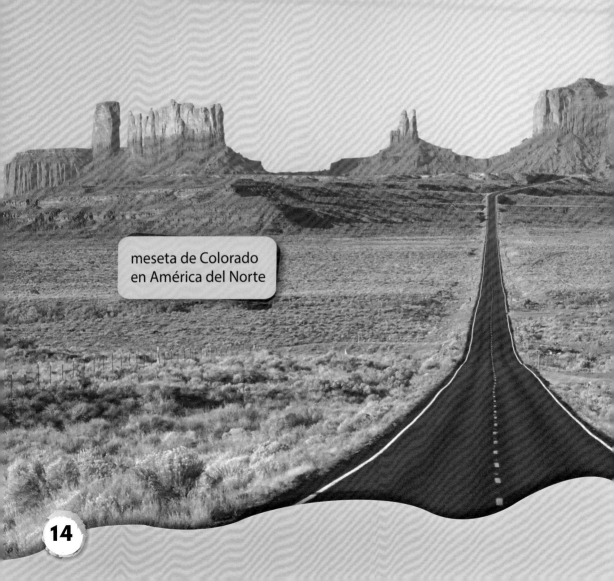

meseta de Colorado en América del Norte

Algunos accidentes geográficos con la cima plana sobresalen en medio de otras superficies planas. Estas son las mesas. Se ven como los muebles llamados *mesas*.

meseta del Tíbet en Asia

Cañones y valles

Los accidentes geográficos en las áreas bajas pueden tener paredes altas y planas de roca a su alrededor. Hay lados empinados entre las áreas altas y bajas. En algunas partes, los lados pueden ser rectos hacia arriba y hacia abajo. Forman los acantilados. Estas áreas son los **cañones**.

El Gran Cañón

El Gran Cañón, en Arizona, es uno de los cañones más famosos del mundo.

Los lugares bajos y planos pueden estar rodeados por las pendientes de las montañas y colinas. Estas pendientes pueden ser pronunciadas o no. Son los valles. Los valles no son tan profundos como los cañones.

valle de Kalalau, Hawái

En las orillas

Algunos accidentes geográficos delimitan el espacio entre la tierra y el mar. Parecen estar a la orilla de la tierra.

¡Hay quienes dicen que Italia parece una bota!

una playa en Australia

Costas y penínsulas

En todo el mundo, los océanos se encuentran con la tierra. La costa es el espacio en el que se tocan. La tierra puede ser larga, plana y tener mucha arena. Este espacio se denomina *playa*.

En algunos lugares, encontramos largas extensiones de tierra rodeadas por agua por todos lados, menos uno. La tierra se ve como un dedo metido al agua. Se denomina *península*. Este nombre quiere decir "casi una isla".

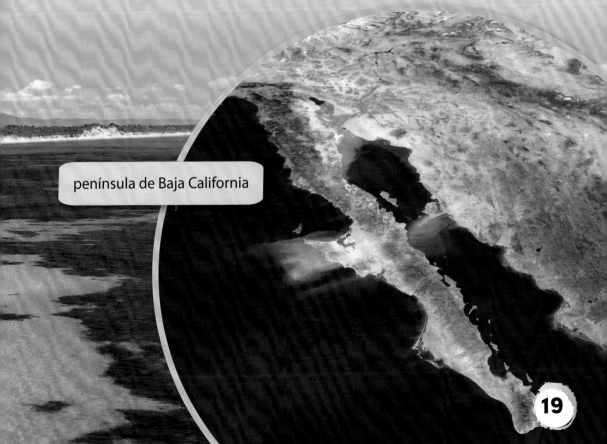

península de Baja California

Bahías y golfos

En un mapa de la Tierra vemos pequeñas partes del océano rodeadas de tierra por muchos lados. Estas son las bahías. Por lo general, las bahías son pequeñas y tienen aguas calmadas. Los golfos son iguales que las bahías, pero más grandes.

El golfo de México es un golfo muy grande y muy conocido.

costa del Golfo

Mission Bay en San Diego, California

bahía de Bengala, cerca de la India

Mares

Otro cuerpo de agua grande es un mar. En ocasiones, se usa la palabra *mar* en lugar de *océano*. Pero, en realidad, no son la misma cosa. Los mares son más pequeños que los océanos. Están parcialmente bloqueados por tierra. Los mares no son tan calmos como las bahías y los golfos.

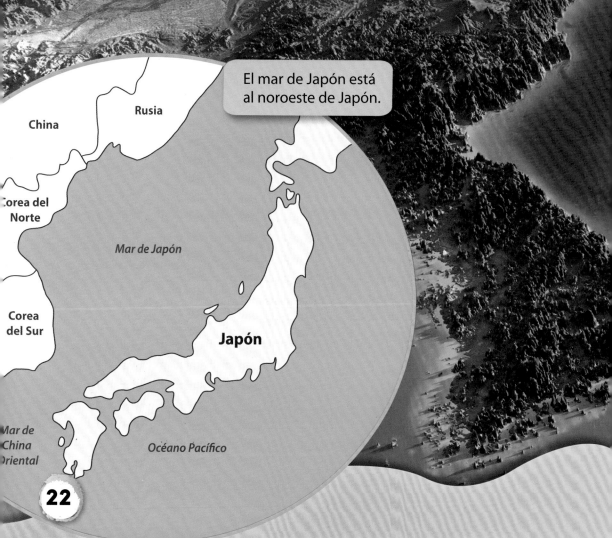

El mar de Japón está al noroeste de Japón.

China

Rusia

Corea del Norte

Mar de Japón

Corea del Sur

Japón

Mar de China Oriental

Océano Pacífico

Bajo el mar

Los accidentes geográficos están en todas partes.
¡Incluso en el fondo del océano!

Crestas oceánicas y meso-oceánicas

Los océanos son muy, muy profundos. Aún así, ¡hay tierra debajo del océano! Hay colinas y valles. Hay incluso largas cordilleras de montañas bajo el agua. Se llaman **crestas** meso-oceánicas. ¡Algunas de estas cordilleras son tan altas que sobresalen del agua! También hay lugares muy profundos debajo del océano. Estos lugares profundos se conocen como **fosas** oceánicas.

Fosa de las Marianas

La fosa de las Marianas es el lugar más profundo de la Tierra. La parte más profunda de la fosa se llama *profundidad Challenger.*

Profundidad Challenger
11,035 metros por debajo del nivel del mar

Nombrar nuestro mundo

Le damos nombre a las cosas de nuestro mundo para poder hablar de ellas con los demás. Esto nos ayuda a trabajar en conjunto y a compartir lo que sabemos. Cuando algo nos resulta importante, puede que creemos palabras nuevas para nombrarlo. ¡Queremos hablar sobre eso de muchas maneras!

Los accidentes geográficos son importantes para nosotros porque la Tierra es importante para nosotros. Dependemos de la Tierra para sobrevivir. Vivimos en sus montañas y sus valles. Vivimos cerca de sus océanos y en cañones altos y bajos.

Queremos a la Tierra y le damos muchos nombres a los accidentes geográficos. Por supuesto, el mejor nombre para la Tierra es muy sencillo: la llamamos *hogar*.

¡Hagamos ciencia!

¿En qué se parecen y se diferencian los accidentes geográficos de la Tierra? ¡Obsérvalo por ti mismo!

Qué conseguir

- ○ 1 taza de sal

- ○ $1\frac{1}{2}$ tazas de agua

- ○ 4 tazas de harina

- ○ papel periódico

- ○ recipiente para mezclar

- ○ taza medidora

Qué hacer

1 Coloca el papel periódico sobre la mesa o la encimera. Coloca el recipiente para mezclar grande sobre el papel periódico.

2 Mide las cantidades correctas de harina, agua y sal. Usa las manos para mezclar todo en el recipiente.

3 Piensa en algunos de los accidentes geográficos que has visto. Constrúyelos con la masa. Cuéntale a un amigo en qué se parecen y en qué se diferencian.

Glosario

cañones: áreas planas rodeadas por montañas y lados empinados

clima: el tipo habitual de tiempo atmosférico que tiene un lugar

crestas: áreas largas de tierra en la cima de las montañas o colinas

elevación: una medida de la altura de un lugar

empinados: casi rectos hacia arriba o hacia abajo

fosas: orificios angostos y largos en el suelo oceánico

mesetas: áreas de tierra grandes y planas que son más altas que los alrededores

pendiente: una inclinación ascendente o descendente de un accidente geográfico

picos: los puntos más altos de las montañas

Índice

¡Tu turno!

Arte con paisajes

Observa el mapa que muestra los accidentes geográficos. Encuentra en el mapa los accidentes geográficos descritos en este libro. Piensa en cómo se vería el accidente geográfico de verdad. Usa el mapa como ayuda. Luego, haz un dibujo del accidente geográfico según crees que se vería.